Juegos de psicomotricidad con pelotas en el AULA 2-3 años

Grupo EDUFIP

Título: JUEGOS DE PSICOMOTRICIDAD CON PELOTAS EN EL AULA. 2-3 AÑOS
Autores/as: Natalia Miturich, Manuel J. Crespo García, Antonio Wanceulen Moreno,
José Fco. Wanceulen Moreno

Editorial: WANCEULEN EDITORIAL
Sello Editorial: WANCEULEN EDITORIAL DEPORTIVA

ISBN (Papel-blanco y negro): 9788418682216
ISBN (Papel-color): 9788418682223
ISBN (Ebook): 9788418682230

DEPÓSITO LEGAL: SE 186-2021

Impreso en España. 2021

WANCEULEN S.L.
C/ Cristo del Desamparo y Abandono, 56 - 41006 Sevilla
Dirección web: www.wanceuleneditorial.com y www.wanceulen.com
Email: info@wanceuleneditorial.com

ÍNDICE

INTRODUCCIÓN

Los maestros/as de Educación Infantil y los/las Técnicos Especialistas en Educación Infantil no tienen una fuente de recursos para poder aplicar las inmensas posibilidades que ofrece la Educación Física en sus distintas formas de utilizarlas en edades tempranas.

La Educación Infantil tiene en la Educación Física un apoyo importante para poder desarrollar las capacidades de los alumnos y generar un entorno de aprendizaje que sea la base de su futuro desarrollo motriz, cognitivo y personal.

Esta obra ofrece una ayuda y un soporte para que a partir de ella puedan generar y estimular en edades tempranas el aprendizaje. Elaborar una obra que facilite recursos en todas las edades de la Educación Infantil y capacidades motrices propias de cada una de ellas supondría un volumen que no se podría recoger en una sola obra. Para ello, la Editorial Wanceulen, junto a varios autores, ha elaborado esta colección seleccionando 50 tareas específicas atendiendo a las edades y capacidades de los alumnos a las que puedan ir dirigidas.

La concreción de la temática es fruto de un delicado análisis y de una selección pormenorizada atendiendo a una etapa educativa a la que, frecuentemente, no se le presta la importancia curricular que requiere. En muchos sistemas educativos, la etapa de 0-3 años tiene entre sus funciones la conciliación laboral con la familiar y, a pesar de su carácter asistencial, diversos estudios indican que es la mayor etapa de adquisición de conocimientos y de estimulación para su posterior desarrollo y por eso se incluye en los diferentes sistemas educativos.

La etapa 3-6 años es una etapa en la que existe mayor material y bibliografía al respecto, pero no existe la concreción temática que se intenta alcanzar con las obras de esta colección.

En la iniciación al medio educativo es muy usual intentar encontrar una receta o una fórmula que resuelva nuestras necesidades y que cubra las posibles lagunas que tengan nuestros alumnos.

La complejidad y diversidad del alumnado nos obligan a tener un conocimiento de ellos para que se produzca un aprendizaje en cualquier ámbito.

Este libro de actividades no pretende ser una respuesta matemática a las necesidades que pueda tener un profesor para encontrar soluciones a los problemas que se le planteen en su labor educativa. La intención es poder manejar recursos, adaptarlos a la realidad de las clases y que puedan introducirnos y orientarnos a conseguir en ellas los objetivos pretendidos.

Existe un uso reducido de material para simplificar y poder llegar a cualquier nivel de recursos y que puedan ser llevados a cabo en cualquier realidad, sin necesidad de unos materiales costosos que dificulten su realización y aprendizaje.

Atendiendo a la metodología empleada, la duración, los espacios, el número de alumnos... pueden variar en cada aula, pero todos los juegos y ejercicios serán adaptables a la realidad a la que se enfrenten.

La selección de los juegos y ejercicios irá establecida paulatinamente desde los más simples a los de mayor complejidad, para poder trabajar e ir avanzando con respecto a la evolución del alumnado y que puedan formar parte de distintos modelos educativos y, atendiendo a las pretensiones de cada profesor/a y a la metodología a emplear, cada uno debe introducirlos donde considere oportuno. Estas tareas carecen de un contexto y de una programación, por ello, necesitarán adaptación por parte del educador a todas las variables que crea que pueden tener incidencia en el desarrollo del alumnado y a las características del mismo.

En los ejercicios y juegos se indicará en cada uno de ellos lo que se pretende que hagan los alumnos. No obstante, para que se adapten a cada aula, contexto, desarrollo de los alumnos y metodología, cada educador/a la deberá adaptar su lenguaje, las distancias, los espacios e incluso el número de alumnos en algunos casos para tener un mejor desarrollo de las actividades y alcanzar los objetivos pretendidos.

No obstante, al ser ejercicios o juegos abiertos, el educador /a podrá condicionarlos si lo cree necesario u oportuno para conseguir los beneficios pretendidos conociendo la realidad a la que se van a exponer.

El principal objetivo de los juegos y ejercicios no es enseñar una capacidad o dotarlos de ella a los alumnos, es generar un entorno para estimular y facilitar el aprendizaje de los alumnos y que puedan desarrollarse con la ayuda del educador.

Los ejercicios y juegos propuestos son para el desarrollo en las clases de Educación Infantil, pero se pueden llevar a cabo y exponer en actividades extraescolares, en casa o en cualquier otro medio que el lector considere oportuno. No obstante, no se debe abusar de sus repeticiones para que no pierdan la esencia y "agoten" (física y mentalmente) a los niños/as y dejen de perder su efecto por pérdida de atención o por fatiga, teniendo en cuenta las capacidades de los alumnos en edades tempranas.

En este libro, el material utilizado serán pelotas. Es importante tener en cuenta que cada alumno deberá trabajar con una pelota para poder poner los ejercicios y juegos en práctica.

LA PSICOMOTRICIDAD

Para definir el término existen multitud de propuestas que intentan desglosar la función psíquica por un lado y la función motriz por el otro. Para entender la psicomotricidad es importante tener claro que el ser humano es una realidad indivisible que aúna los distintos sistemas y que están interrelacionados entre sí para que se lleven a cabo sus diversas funciones. Para realizar cualquier movimiento necesitamos la interacción del sistema nervioso y del sistema motor.

La psicomotricidad ayuda a los individuos a dominar sus movimientos corporales, así como a mejorar su relación y comunicación con los demás. El principal beneficio que tiene la psicomotricidad en la etapa infantil es el fortalecimiento de la salud física y mental del alumno, estimulando sus capacidades.

La genética nos condiciona para la maduración cerebral, pero las actividades que realicen los individuos, la interacción con el medio (sea social, lúdica, educativa o parental) la estimulación cognoscitiva y el apoyo afectivo que reciben tienen valor e importancia para el desarrollo del ser humano.

Sara Nevado (2018) dice que *la psicomotricidad infantil es una disciplina que conecta dos partes fundamentales del proceso de desarrollo integral del niño/a: el movimiento y la actividad psíquica. Se puede describir como una psicología del movimiento que se basa en una conexión cuerpo-mente, explicando cómo cada movimiento va acompañado de conocimientos, pensamientos y emociones. Se trata de conseguir, a través ejercicios, que el niño/a adquiera conocimientos, tanto de sí mismo como del medio que le rodea, a través de la interacción de sus propios movimientos con el entorno. Los niños, mediante ejercicios como correr, saltar, jugar con una pelota o manipular objetos, adquieren una conciencia del yo, de su cuerpo y de su mente además de conocimientos del espacio y el tiempo y una serie de habilidades, tanto personales como sociales.*

Cualquier actividad física que realicen los alumnos en la etapa de Educación Infantil (o en cualquier otra etapa) tiene una estrecha relación con sus procesos psíquicos y emocionales. Existe una relación interdependiente entre la actividad física y la función motriz que dota de importancia al trabajo psicomotriz en edades tempranas.

Existen tres aspectos fundamentales en los que se basa el trabajo que se pueda hacer en el área de la psicomotricidad:

→ La percepción espacial.

→ La percepción temporal.

→ La imagen corporal.

La percepción espacial se define como el conocimiento o conciencia del medio y sus alrededores, es decir, la toma de conciencia del sujeto, de su situación y de sus posibles situaciones en el espacio que le rodea, su entorno y los objetos que en él se encuentran, tomando como punto de relación su propio cuerpo.

La percepción temporal permite conocer y estructurar el tiempo y los elementos que lo integran. Adaptar el movimiento a referencias temporales: duración, cadencia, ritmo, velocidad.

La percepción corporal es la percepción que uno tiene de su cuerpo como resultado de las experiencias y relaciones establecidas entre el individuo y el medio.

Los ejercicios propuestos en este libro persiguen los siguientes objetivos:

- Empezar a conocer y descubrir el propio cuerpo y sus capacidades.
- Desarrollar emociones y sensaciones.
- Desarrollar las capacidades motrices coordinativas generales, la flexibilidad y la agilidad.
- Mejorar las habilidades sociales del alumno, su capacidad de comunicación y sus relaciones participando en actividades y juegos.

- Ampliar el abanico de movimientos corporales.
- Utilizar y adquirir diferentes destrezas motrices
- Mejorar la coordinación, equilibrio, control postural, lateralidad...
- Promover y mejorar la atención y la capacidad de concentración de los alumnos.
- Conocer y realizar diversas actividades físicas.
- Focalizar la energía del alumno hacia una actividad saludable y beneficiosa.
- Ser capaces de orientarse en el espacio y en el tiempo a partir de su propio cuerpo como referencia.
- Aumentar su autoestima.

50 JUEGOS

DE PSICOMOTRICIDAD CON PELOTAS
EN EL AULA
PARA NIÑOS Y NIÑAS DE 2-3 AÑOS

JUEGO Nº 1

Sentarse y levantarse con la pelota en las manos.

JUEGO N° 2

Los alumnos/as de pie, tendrán que sentarse con la pelota en las manos.

JUEGO Nº 3

Los alumnos/as de pie, tendrán que sentarse con la pelota en una mano.

JUEGO Nº 4

Los alumnos/as sentados, tendrán que sentarse con la pelota en las manos.

JUEGO Nº 5

Los alumnos/as sentados, tendrán que levantarse alternando la pelota una vez con una mano y otra vez con la otra.

JUEGO Nº 6

Los alumnos/as de rodillas, tendrán que levantarse con la pelota en la mano.

JUEGO Nº 7

Los alumnos/as tumbados boca arriba, tendrán que levantarse con la pelota en las manos.

JUEGO Nº 8

Los alumnos/as tumbados boca abajo, tendrán que levantarse con la pelota en las manos.

JUEGO Nº 9

Andar con la pelota abrazada con las dos manos eludiendo a los compañeros/as.

JUEGO Nº 10

Desplazarse por el espacio disponible de manera lateral, con la pelota en las manos, sin chocar y eludiendo a los compañeros/as.

JUEGO N° 11

Desplazarse por el espacio disponible colocando la pelota en una axila y eludiendo a los compañeros/as.

JUEGO Nº 12

Desplazarse por el espacio disponible, con la pelota en una mano, colocando la otra en la parte del cuerpo que indique el profesor/a y eludiendo a los compañeros/as.

JUEGO Nº 13

Desplazarse por el espacio disponible colocando la pelota en la parte del cuerpo que indique el profesor/a y eludiendo a los compañeros/as.

JUEGO Nº 14

Desplazarse por el espacio disponible apoyando la parte del pie que indique el profesor/a, con la pelota en las manos y eludiendo a los compañeros/as.

JUEGO Nº 15

Desplazarse por el espacio disponible en línea recta, con la pelota en las manos y eludiendo a los compañeros/as.

JUEGO Nº 16

Desplazarse por el espacio disponible en círculo, con la pelota en las manos y eludiendo a los compañeros/as.

JUEGO N° 17

Desplazarse por el espacio disponible en zigzag, con la pelota en las manos y eludiendo a los compañeros/as.

JUEGO Nº 18

Desplazarse por el espacio disponible "tomando curvas", con la pelota en las manos y eludiendo a los compañeros/as.

JUEGO Nº 19

Desplazarse por el espacio disponible cómo indique el profesor/a, con la pelota en las manos y eludiendo a los compañeros/as.

JUEGO Nº 20

Desplazarse de espaldas, con la pelota en las manos, por el espacio disponible y eludiendo a los compañeros/as.

JUEGO Nº 21

Desplazarse por el espacio disponible con la pelota lo mas alejada posible del cuerpo y eludiendo a los compañeros/as.

JUEGO N° 22

Desplazarse por el espacio disponible con la pelota lo mas cerca del suelo posible (sin tocarlo) y eludiendo a los compañeros/as.

JUEGO Nº 23

Desplazarse por el espacio disponible con la pelota agarrada entre las piernas con las manos y eludiendo a los compañeros/as.

JUEGO Nº 24

Desplazarse por el espacio disponible con la pelota lo más alta posible y eludiendo a los compañeros/as.

JUEGO Nº 25

Desplazarse por el espacio disponible con la pelota en las manos, separando y juntando los pies y eludiendo a los compañeros/as.

JUEGO Nº 26

Desplazarse por el espacio disponible con la pelota entre las piernas y eludiendo a los compañeros/as.

JUEGO Nº 27

Desplazarse por el espacio disponible cambiando la pelota de mano en cada paso y eludiendo a los compañeros/as.

JUEGO Nº 28

Desplazarse por el espacio disponible golpeando con la pelota, dos veces en el suelo antes de dar un paso y eludiendo a los compañeros/as.

JUEGO Nº 29

Desplazarse por el espacio disponible contando hasta tres, antes de cambiar el pie de apoyo, sin chocar y eludiendo a los compañeros/as.

JUEGO N° 30

Desplazarse sentados en el suelo por el espacio disponible, con la pelota en las manos y eludiendo a los compañeros/as.

JUEGO Nº 31

Desplazarse de rodillas por el espacio disponible, con la pelota en las manos y eludiendo a los compañeros/as.

JUEGO Nº 32

Desplazarse tumbado boca arriba, con la pelota en las manos, por el espacio disponible y eludiendo a los compañeros/as.

JUEGO Nº 33

Desplazarse apoyando la pelota en el suelo por el espacio disponible y eludiendo a los compañeros/as.

JUEGO N° 34

Desplazarse agachados, con la pelota en las manos, por el espacio disponible y eludiendo a los compañeros/as.

JUEGO Nº 35

Desplazarse saltando, con la pelota en las manos, por el espacio disponible y eludiendo a los compañeros/as.

JUEGO Nº 36

Desplazarse elevando todo lo posible las rodillas en cada paso, con la pelota abrazada, por el espacio disponible y eludiendo a los compañeros/as.

JUEGO Nº 37

Desplazarse elevando todo lo posible las puntas de los pies en cada paso, con la pelota alejada del cuerpo, por el espacio disponible y eludiendo a los compañeros/as.

JUEGO Nº 38

Con la pelota agarrada con los dedos, desplazarse por el espacio disponible dándose con los talones en los glúteos en cada paso y eludiendo a los compañeros/as.

JUEGO N° 39

Desplazarse por el espacio disponible, con una mano hacia arriba, la otra agarrando la pelota y eludiendo a los compañeros/as.

JUEGO N° 40

Desplazarse por el espacio disponible agarrando la pelota por la espalda y eludiendo a los compañeros/as.

JUEGO Nº 41

Desplazarse por el espacio disponible mirando hacia dónde indique el profesor/a, con la pelota entre las manos y eludiendo a los compañeros/as.

JUEGO Nº 42

Desplazarse por el espacio disponible tapándose un ojo con una mano, la pelota en la otra y eludiendo a los compañeros/as.

JUEGO Nº 43

Desplazarse por el espacio disponible con los ojos cerrados, con la pelota en las manos y eludiendo a los compañeros/as.

JUEGO Nº 44

disponible con la pelota en las manos y los ojos cerrados, dando los pasos que indique el profesor/a, abrirlos y cerrarlos para volver para dar los que vaya indicando el profesor/a (eludiendo a los

JUEGO Nº 45

Desplazarse por el espacio disponible con la pelota en las manos, abriendo y cerrando los ojos según indique el profesor/a y eludiendo a los compañeros/as.

JUEGO Nº 46

Desplazarse por el espacio disponible "haciendo la croqueta" (rodando), sin soltar la pelota y eludiendo a los compañeros/as.

JUEGO N° 47

Desplazarse por el espacio disponible con la pelota agarrada, intentando tocar otras pelotas y que no toquen la nuestra.

JUEGO Nº 48

Desplazarse por el espacio disponible, con la pelota agarrada, saltando y cayendo de diferentes formas en el suelo y eludiendo a los compañeros/as.

JUEGO Nº 49

Desplazarse por el espacio disponible imitando lo que haga con la pelota el compañero que indique el profesor/a y eludiendo a los compañeros/as.

JUEGO N° 50

Desplazarse por el espacio disponible como si llevaran la bandeja de un camarero, sosteniendo la pelota con una mano y eludiendo a los compañeros/as.

BIBLIOGRAFÍA

- Aguirre Zabaleta, J. (2005): *La aventura del movimiento: el desarrollo psicomotor de 0 a 6 años.* Universidad Pública de Navarra.
- Arnáiz Sánchez, P.; Rabadán Martínez, M.; Vives Peñalvert, I. (2001): *La psicomotricidad en la escuela: una práctica educativa y preventiva.* Editorial Aljibe.
- Aucouturier, B. (2004): *Los fantasmas de acción y la práctica psicomotriz.* Editorial Graó.
- Ballarini, F. (2016): *REC: Porque recordamos lo que recordamos y olvidamos lo que olvidamos.* Editorial Debate.
- Berruezo Adelantado, PP. (2002): *La pelota en el desarrollo psicomotor.* CEPE.
- Berruezo Adelantado, PP.; Lázaro Lázaro, A. (2009): *Jugar por jugar. El juego en el desarrollo psicomotor y el aprendizaje infantil.* Editorial Mad.
- Bonastre, M.; Fusté, S. (2007): *Psicomotricidad y vida cotidiana (0-3 años)*. Editorial Graó.
- Bottini, P.(comp.); Agnese, L.[et al.] (2000): *Psicomotricidad: prácticas y conceptos.* Editorial Miño y Dávila.
- Cady, S. (2000): *Psicosomática y psicomotricidad.* CIE Dossat.
- Calmels, D. (2003): *¿Qué es la Psicomotricidad? Los trastornos psicomotores y la práctica psicomotriz. Nociones Generales.* Editorial Lumen.
- Carmona López, M. (2004): *Psicomotricidad y juego en la atención temprana de niños con discapacidad* (Tesis). Universidad de Granada.
- Carrasco Espinilla, I; Criado Caro, DJ. (2006): *60 fichas de psicomotricidad.* Editorial Wanceulen.
- Cobos, P. (2007): *El desarrollo psicomotor y sus alteraciones: manual práctico para evaluarlo y favorecerlo.* Editorial Pirámide.
- Collado Vázquez, S.; Pérez García, C.; Carrillo Esteban, J. (2004): *Motricidad. Fundamentos y aplicaciones.* Editorial Dykinson.

- Gil Madrona, P. (2003): *Desarrollo psicomotor en Educación Infantil (de 0 a 6 años).* Editorial Wanceulen.
- Granda Vera, J.; Alemany, I. (2002): *Manual de aprendizaje y desarrollo motor: una perspectiva educativa.* Editorial Paidós Ibérica.
- Gutiérrez Delgado, M. (2003): *La educación psicomotriz y el juego en la edad escolar.* Editorial Wanceulen.
- Hernández Hernández, Á. (2006): *Desarrollo y psicomotricidad.* TGD.
- Herrán Izaguirre, E. (2005): *Análisis de la psicomotricidad en el inicio de la escolarización: un estudio psicogenético y observacional del salto durante el tercer año de vida.* UPV.
- Jiménez Ortega, J.; Alonso, J. (2006): *La psicomotricidad de tu hijo/a: (cómo desarrollarla y mejorarla).* La Tierra Hoy.
- Jiménez Ortega, J.; Jiménez, I. (2003): *Psicomotricidad. Teoría y programación.* CissPraxis.
- Justo Martínez, E. (2000): *Desarrollo psicomotor en educación infantil. Bases para la intervención en psicomotricidad.* Publicaciones Universidad de Almería.
- Lázaro Lázaro, A. (2002): *Aulas multisensoriales y de psicomotricidad.* Editorial Mira.
- Lázaro Lázaro, A. (2010): Nuevas experiencias en educación psicomotriz. Editorial Mira.
- Le Boulch, J. (2000): *La educación psicomotriz en la escuela primaria.* Editorial Paidós Ibérica.
- Le Boulch, J. (2002): *El desarrollo psicomotor desde el nacimiento hasta los 6 años: consecuencias educativas.* Editorial Paidós Ibérica.
- León, C.; et al. (2000): *Cuerpo y representación. Espacio de reflexión en terapia psicomotriz.* Psicolibros.
- Llorca Llinares, M. (2002): *La práctica psicomotriz: una propuesta educativa mediante el cuerpo y el movimiento.* Editorial Aljibe
- Llorca Llinares, M.; Sánchez Rodríguez, J. (2003): *Psicomotricidad y necesidades educativas especiales.* Editorial Aljibe.

- Rigal, R. (2006): *Educación motriz y educación psicomotriz en Preescolar y Primaria: acciones motrices y primeros aprendizajes.* Editorial INDE.

www.ingramcontent.com/pod-product-compliance
Ingram Content Group UK Ltd.
Pitfield, Milton Keynes, MK11 3LW, UK
UKHW020918290726
14058UKWH00009B/35